AF502455

L'ALFA

DES

HAUTS PLATEAUX

DE

L'ALGÉRIE

EXTRAIT du Journal officiel de l'Algérie, numéros 19, 20, 21, 22, 23, 24, 25, 26, 27 et 28, du 23 janvier au 2 février 1873.

ALGER

IMPRIMERIE TYPOGRAPHIQUE ET LITHOGRAPHIQUE BOUYER
12, rue Bab-Azoun, 12

1873

L'ALFA

DES HAUTS PLATEAUX DE L'ALGÉRIE

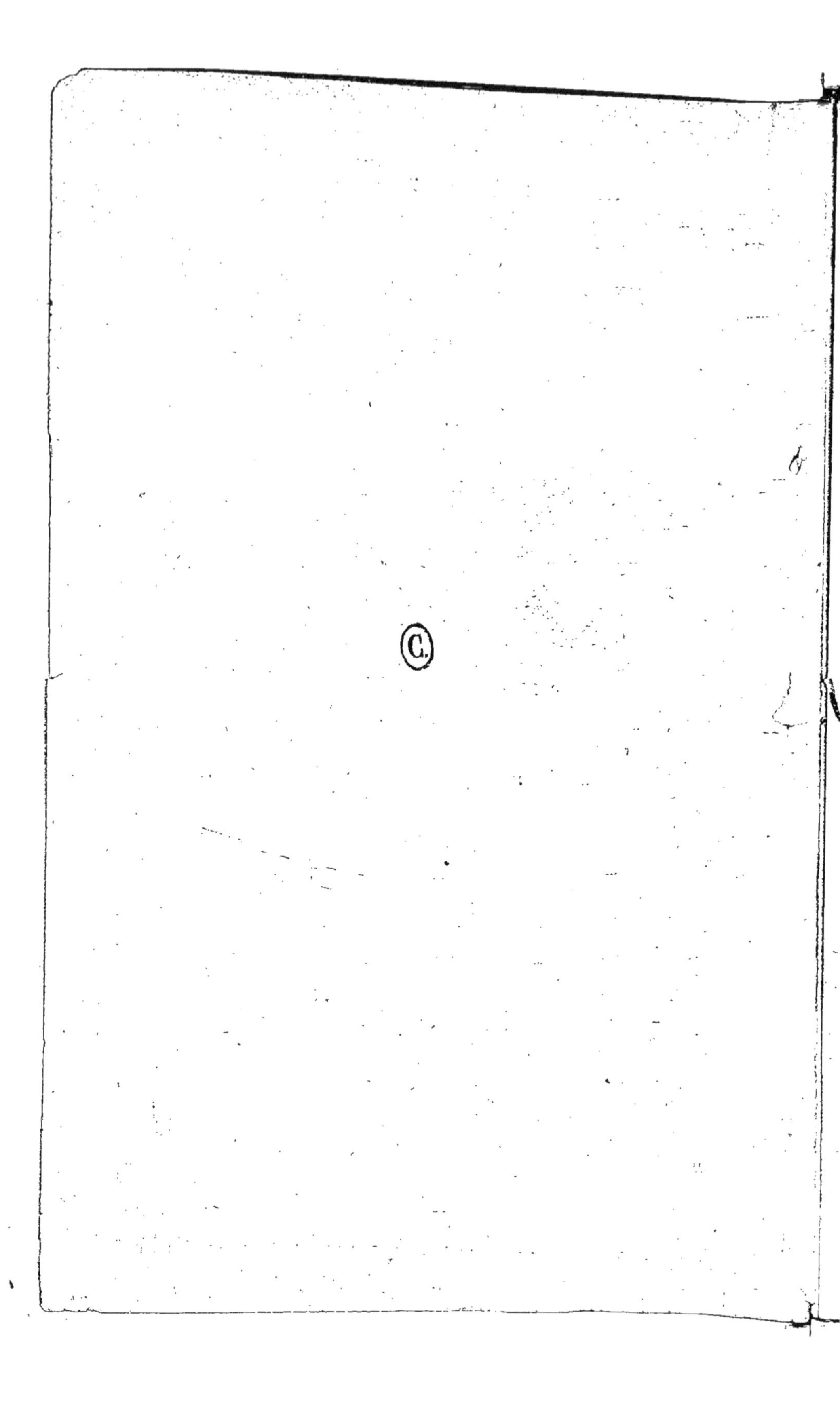
C.

L'ALFA

DES HAUTS PLATEAUX DE L'ALGÉRIE

« Je ne crois pas, disait M. Gladstone, dans un exposé
» financier adressé à la Chambre des communes d'Angle-
» terre, que la Chambre puisse se faire une idée des
» usages variés et multiples auxquels se prête le papier
» ou la pâte à papier. C'est sous toutes les formes possi-
» bles. J'ai la liste de 69 industries dans lesquelles per-
» sonne ne soupçonnerait qu'il pût servir.

» Le papier est beaucoup employé par les anatomistes ·
» qui en font des membres artificiels, par les fabricants
» de télescopes, les bottiers, les cordonniers, les chape-
» liers, les fabricants de peignes et de poupées, les cons-
» tructeurs de navires, les fabricants de théières (rires)
» et beaucoup d'autres que je ne puis citer. Un fabricant
» m'a dit avoir fait des panneaux de portes en papier,
» et il se proposait aussi de construire des voitures en
» papier, lorsque cette matière sera exempte de taxe
» (c'est à dire moins chère). J'ai questionné un fabricant
» sur les industries qui peuvent employer le papier, et,
» au lieu de me répondre par des détails, il s'est écrié :

» qui peut fixer des limites aux inventions et aux combi-
» naisons ingénieuses, lorsqu'on voit le caoutchouc, si
» souple et si maniable, devenir, après quelques prépara-
» tions, plus dur que du bois. J'ai appris, ce matin seule-
» ment, que l'on fait des tonneaux en papier et que ces
» tonneaux peuvent résister à des pressions de 300 livres
» pesant par pouce carré. »

Nous avons reproduit cette longue citation pour mon-
trer *à priori* qu'il n'y a pas de limite à l'emploi du papier
et de ses dérivés, et que par conséquent, à ne considérer
que son application nouvelle à la papeterie, une masse
considérable d'alfa peut être jetée immédiatement dans le
commerce du monde entier avec la certitude d'y trouver
son emploi.

Mais, ainsi que le dit le rapporteur de la Chambre de
commerce d'Alger, « il ne faut pas voir exclusivement,
» en cette graminée, la matière première entrant dans la
» fabrication du papier et de ses dérivés; il faut encore
» y considérer tous les emplois dont elle est susceptible,
» soit dans l'économie domestique, soit pour la naviga-
» tion, par les formes diverses qu'elle peut revêtir en
» tresses, cordages, filets, crins artificiels, sacs, tapis,
» nattes, objets de chapellerie, de tannerie, de vannerie
» et même de tapisserie pour les appartements, etc., etc.

Toute la corderie, et surtout la corderie commune,
puisera abondemment dans les ressources que l'alfa
pourra lui offrir. Elle donnera, en effet, avec une réduc-
tion de prix qui atteindra 60 p. 100, des produits dont la
valeur par la résistance et les propriétés de conservation
représenteront, à volume et à poids égaux, plus des 3/5
de la valeur des produits courants.

Toutefois, et afin de mieux fixer les idées qui ne se

sont portées jusqu'à présent que sur l'emploi de l'alfa dans la fabrication du papier, en vue de laquelle ont été faites les exportations considérables du port d'Oran pendant les années 1871 et 1872, nous étudierons plus spécialement l'alfa considéré comme matière première du papier et nous essaierons de déterminer : 1° quelle peut être dès aujourd'hui l'importance des produits qui nous seront demandés si nous savons les offrir ; 2° où nous les trouverons ; 3° comment nous pourrons les mettre dans la circulation.

PREMIÈRE PARTIE

I

L'emploi de l'alfa dans la préparation des pâtes à papier n'est pas, comme on paraît le croire généralement, une découverte récente. Il n'est que le retour à l'idée première, l'exploitation des matières brutes.

Lorsque vers le huitième siècle, le papyrus devenu insuffisant depuis longtemps, comme est aujourd'hui le chiffon, vint à manquer complètement (ce que fait encore le chiffon), on s'adressa aux fibres végétales des corps organisés pour leur demander le papier, et, pendant plusieurs siècles elles furent seules à le fournir. Mais les préparations des plantes filamenteuses étaient longues, difficiles, coûteuses. Quelle que fût la matière employée, il fallait semer, récolter, rouire. battre, lessiver, blanchir, etc.... Les agents mécaniques et chimiques étaient faibles et insuffisants; par conséquent, les manipulations pénibles, imparfaites, dispendieuses. On n'obtenait, par toutes ces raisons, à un prix très élevé, que des produits de mauvaise qualité.

Dès que le chiffon parut, il n'eut aucune peine à s'introduire en maître dans sa fabrication et à en chasser tous les éléments qui l'y avaient précédé. Il était, en effet, la fibre végétale, coton, lin, soie, ou chanvre dont on se servait, mais il avait sur la matière brute l'avantage d'avoir déjà subi pour ses destinations premières les opérations de rouissage, de détilage, de lessivage et de blanchissement; de plus, il était un résidu sans valeur au lieu d'être une récolte et le glanage sans travail pénible pouvait le fournir. Enfin, il avait encore cette particulière recommandation auprès des fabricants qu'il se présentait après avoir subi un véritable commencement de décomposition et qu'il était, par là, plus docile que la matière originelle, aux agents encore fort imparfaits de sa préparation en pâte à papier.

Jusqu'à la fin du siècle dernier, le chiffon fut exclusivement employé par les papeteries parce qu'il s'offrait toujours en approvisionnements suffisants; parce que, d'autre part, la nécessité n'ayant pas encore sollicité aux recherches, il pouvait défier toute concurrence que la matière brute eut tenté de lui faire, en raison de sa supériorité sous le double rapport de la qualité et du bon marché.

II

Mais la progression de l'industrie du papier étant illimitée, tandis que la production des chiffons est à peu près constante, il devait arriver un moment où les fabricants se verraient menacés de manquer de leur matière première. « Singulière matière première que le producteur

» n'a pas intérêt à produire. » Dans cette prévision, des efforts avaient été faits de tous côtés pour parvenir au moyen de tirer directement des fibres végétales une matière en même temps belle, bonne, et à bon marché, capable de se substituer au chiffon le jour où il viendrait à faire défaut.

Toutes les expériences réussirent, mais pendant plus de cinquante ans rien n'avait pu prévaloir, lorsque le chiffon déjà insuffisant, se vit détourné des papeteries par les emplois nouveaux que lui créaient les progrès des sciences et qui le sollicitaient en le payant plus cher. L'équilibre entre l'offre et la demande se rompit alors, pour ne plus se rétablir, au profit du chiffon qui devint le tyran des industriels, et les plia à toutes ses exigences. C'est ainsi qu'il put hausser ses prix, en présence de la concurrence dont il était l'objet, jusqu'à demander, aujourd'hui, en Amérique, 0,80 c. et 1 fr. du chiffon blanc, sans jamais les abaisser dans les pays les plus favorisés, au-dessous de 0,25 et 0,30 c., pour le chiffon de couleur le plus grossier.

Une pareille hausse faisait disparaître le principal mérite du chiffon, celui du bon marché, qu'il avait toujours conservé, et qui avait exclu la matière brute des usines en la reléguant dans les laboratoires et les cabinets d'étude. D'un autre côté, la disette se faisait sentir ; la nécessité fit faire alors un suprême appel à la science et la science répondit par les plus puissants appareils de la mécanique aidée de la chimie.

C'est ainsi qu'on est arrivé à ce résultat que, désormais, aucun corps à fibres végétales ne peut plus se refuser à se convertir en papier, dans les mêmes conditions de prix et de qualité que le chiffon.

Les matières brutes ont donc le champ libre devant elles. Qu'elles se montrent en approvisionnements suffisants, aussitôt tous les vieux outillages suivront la loi du progrès et se transformeront pour les employer ; mais elles doivent arriver d'abord sur les marchés, car si les outillages se subordonnent aux matières qui leur sont fournies, ils n'obéissent que lorsqu'ils ont la certitude de n'en jamais manquer.

III

De toutes les matières brutes qui se sont présentées successivement, et qui ont été essayées, l'alfa, la dernière venue en Europe, est celle qui est destinée à remplacer le chiffon, ou, pour mieux dire, à continuer concurremment avec lui, l'alimentation indéfinie des papeteries. L'Angleterre, en effet, la première réduite à la disette, reprenant des essais faits antérieurement en France, par nos établissements d'Essonne, a consacré par l'expérience la valeur industrielle de l'alfa. 4000 tonnes d'alfa ont été exportées d'Algérie en Angleterre, en 1869, 32,000 en 1870, 54,000 en 1871 ; la progression est bien indiquée, notre textile travaillé par un outillage convenable est la véritable matière du papier. Il a sur tous les corps auxquels la science s'est adressée l'avantage d'être un produit spontané, « la plante assez commune pour être sans valeur, » si longtemps cherchée par les botanistes ; de plus, il ne laisse prévoir aucune limite à sa production, car il existe en grandes plantations qui, bien conduites, peuvent être considérées comme inépuisables ; il a pris place dans l'industrie, nous pouvons être assurés qu'il n'en sortira plus et que chaque année marquera progrès et accroissement de sa consommation.

A ne considérer que les pays dans lesquels l'industrie papetière est plus particulièrement développée, c'est à dire, dans l'ordre de leur production : l'Amérique, l'Angleterre, l'Allemagne et la France, on trouve, d'une part, une fabrication annuelle qui dépasse 400 millions de kilogrammes de papier ; de l'autre, une production de chiffons qui ne saurait s'élever au delà de 300 millions de kilogrammes.

Les comptes rendus des dernières expositions de France et d'Angleterre montrent, en effet, que le coëfficient de l'offre des chiffons dans un pays est de deux kilogrammes par habitant. Encore, faut-il comprendre dans ces deux kilogrammes les vieilles cordes, les toiles d'emballage, les déchets des usines, etc.... Or, puisque le déchet, pour transformer le chiffon en papier, est en général de 33 pour cent, une production annuelle de 400 mille tonnes de papier implique une dépense de 600 mille tonnes de chiffon ; les quatre pays producteurs que nous avons cités sont donc obligés de demander à l'importation ou aux matières brutes les 300 mille tonnes de matière première qui leur manquent.

IV

Pendant longtemps les ressources de l'importation ont suffi, mais ensuite elles ont diminué et, insensiblement, elles se sont taries. D'abord, par la création ou l'augmentation des papeteries dans les autres états ; plus tard, parce que ces mêmes états pour protéger leur industrie nationale ont dû prohiber d'une manière absolue l'exportation du chiffon, attendu que les américains et les anglais, qui sont les plus grands producteurs de papier, s'emparaient des marchés et enlevaient à tout prix toutes les balles offertes.

L'Angleterre et les États-Unis soutiennent encore à ce sujet une lutte à outrance , à ce point que les marchands de New-York viennent jusque sur la place de Londres s'emparer des chiffons qui sont cependant, en Angleterre, d'un prix plus élevé que dans un autre pays. C'est cette lutte qui a fourni aux anglais l'occasion de manifester, encore une fois, leur génie si éminemment porté vers les applications utiles, en résolvant, pour se garantir, le problème de l'application industrielle de l'alfa.

A mesure que les ressources de l'importation diminuaient, la fabrication s'adressait aux fibres végétales qu'elle pouvait se procurer, telles que filasses, écorces, sciures, pailles, racines, copeaux, bois, etc., etc..., et ce sont encore, aujourd'hui, les matières qui lui donnent l'appoint considérable qui lui manque. Mais avec quelles difficultés ! avec quelles dépenses! avec quel déchet !

Encore est-il qu'en les employant au prix des plus grands sacrifices l'industrie suffit à peine à se soutenir et ne fait pas un progrès.

V

Des considérations qui précèdent on peut conclure à trois manières d'introduire directement dans la circulation une masse considérable d'alfa appliquée à la seule industrie du papier :

1° En concurrence avec le chiffon de couleur ;

2° En déplaçant les corps auxiliaires auxquels on a dû avoir recours lorsque la « précieuse guenille » a manqué ;

3° En l'ajoutant à la masse des matières employées pour que l'industrie reprenne sa marche progressive.

L'alfa peut-il faire concurrence au chiffon de couleur?
— Peut-il entrer en même temps que lui dans la consommation? — Oui. — Il suffit, pour cela, qu'il abaisse son
prix courant et le rapproche de son prix de production
par la suppression des intermédiaires et des frais inutiles,
et que, simultanément, par une cueillette intelligente, il
élève la qualité, et par conséquent le rendement du produit offert.

Ainsi que nous le démontrerons lorsque nous traiterons
de l'exploitation, le prix de 140 fr. la tonne au port d'Oran est un prix exagéré, bien supérieur à celui de la valeur réelle de l'alfa. Exporté d'Oran à 140 fr, il arrive
sur les points de sa consommation à un prix minimum de
200 fr. Or, comme il est, en général, jusqu'à présent,
mal exploité, cueilli sans discernement, expé lié sans
essais, sans connaissance de sa valeur industrielle, son
rendement est la moitié, au plus, de celui du chiffon ;
il représente donc du chiffon au prix double du sien ;
c'est à dire, à 400 fr. la tonne.

Les bons chiffons de couleur ne valent pas plus, les
plus mauvais valent moins. Dans de pareilles conditions,
l'alfa se tient donc volontairement dans le rôle modeste,
non de rival, mais de suppléant du chiffon. Qu'il se présente, au contraire, par le bon choix et sur tout par les
qualités de ses feuilles cueillies à maturité, avec son rendement possible de 50 pour cent; qu'il abaisse le prix
courant des qualités supérieures au taux encore grandement rémunérateur de 110 ou 120 fr. la tonne, il pourra
alors se placer ouvertement en face de la guenille et la
provoquer à la concurrence.

C'est à ce moment, s'il arrive, que se fera la transformation générale des outillages ; mais, à ce moment seu lement, il faut que l'alfa en donne le signal en s'imposant sur les marchés.

En second lieu, peut-il déplacer les corps qui l'ont précédé, au titre auxiliaire, dans la fabrication ? — Assurément ; car il possède les quatre qualités essentielles d'une matière première ; celles que les industriels recherchent avant toutes et que ni les filasses, ni les écorces, ni les bois, pris isolément ne sauraient posséder :

1° Infini des approvisionnements ;

2° Fixité du prix ;

3° Unité de préparation ;

4° Uniformité du rendement.

Nous n'insistons pas sur la certitude de son emploi à mesure que l'industrie rassurée par sa présence se laissera aller dans la voie du progrès ; elle est évidente.

Des chapitres qui précèdent nous concluons sans hésiter que nous pourrions exporter immédⁱatement, si nous les avions, plus de 300 mille tonnes d'alfa, sans abaisser le prix actuel de production ; c'est à dire le prix à Daya, à Sidi-bel-Abbès, à Mascara, à Saïda. — Nous ne parlons pas du prix au port d'Oran, où l'on aurait à se contenter d'un bénéfice de 10 ou 15 francs par tonne, ce qui constituerait encore une prime de 10 ou 15 pour cent à la commission.

Nous en concluons encore que, même en négligeant les demandes des industries autres que celle du papier, nous verrions la production et l'exportation s'élever rapidement et monter vers le chiffre de 500 mille tonnes qu'elles ne tarderaient pas à atteindre.

VI

Pour se convaincre de l'autorité de nos conclusions, il

suffit de considérer attentivement la situation présente. En réalité nous n'avons pas de marché. Quelques maisons anglaises nous ont demandé de l'alfa que nous ne pensions certainemeut pas à leur offrir ; elles ont étendu leurs commandes ensuite et en sont arrivées à prendre tout ce que nous pouvons leur fournir et au prix qu'il nous convient de fixer, mais nous ne sommes jamais allés au-delà. Nous ne sommes ni producteurs, ni vendeurs, nous ne sommes que commissionnaires, sans marché sur lequel l'Europe puisse envoyer ses ordres avec certitude qu'ils seront reçus et exécutés. L'Amérique, l'Allemagne, la Belgique, l'Italie, la France même, ne connaissent nos produits que de nom. Elles savent qu'ils existent, s'en préoccupent et les attendent ; mais nous ne sommes pas encore en mesure de les leur offrir, par la raison que nous n'avons actuellement ni bras pour la récolte, ni routes ou chemins capables des transports à effectuer.

La preuve en est que, en ce moment, partout les acheteurs se disputent, dans l'intérieur, les mauvais produits apportés par les indigènes qui, seuls, se livrent à l'arrachage de l'alfa, et que pour avoir monté son transit de 32 mille tonnes en 1870, à 60 mille en 1871, l'exploitation avait défoncé, ruiné, réduit à néant toutes les routes fréquentées de la province d'Oran.

En résumé, il est bien établi par l'expérience des trois dernières campagnes que les demandes de quelques maisons anglaises ont suffi à la dépense des quantités d'alfa correspondant :

1º A notre plus grande production par le glanage indigène dans le Tell ;

2º Au plus grand effort de la voirie départementale d'une de nos provinces.

Si maintenant on considère que nous avons une exportation considérable (60,000 tonnes, au moins) sans marché créé, provoquée spontanément par la fabrication ; que depuis plus de trente ans, l'industrie papetière est arrêtée dans son développement par la cherté et la rareté du chiffon ; que cent industries déjà existantes attendent, pour prendre leur essor, que la matière première leur soit fournie en abondance; que, sans nul doute, une foule d'industries nouvelles naîtront dès que les recherches ne seront plus paralysées par la crainte de voir l'application impossible faute d'éléments premiers, il est facile de se convaincre que l'alfa est une richesse pour l'Algérie; — une richesse immense !.... Nous la possédons en gisements supérieurs à ceux des autres parties de la côte d'Afrique; nous ne devons pas la laisser inexploitée plus longtemps, car, maintenant, l'éveil est donné ; les intérêts de tous les états producteurs de papier sont en jeu : ils iront chercher des produits étrangers aux nôtres si nous ne savons pas profiter du moment favorable en nous emparant à propos de tous les marchés.

Nous avons la matière, sachons l'offrir. Nous montrerons maintenant où nous pourrons trouver les produits nécessaires à l'alimentation indéfinie des marchés que nous aurons ouverts et comment nous pourrons les exploiter par des établissements dans le Sud et la création d'un réseau de chemin de fer perpendiculaire à la côte.

DEUXIÈME PARTIE

I

Si l'on étudie la configuration topographique de l'Algérie depuis Orléansville jusqu'au Maroc, on voit qu'elle affecte la forme d'un tronc de pyramide s'élevant par gradin, du nord au sud. Chaque gradin correspond à un palier qu'il soutient, horizontal et d'une grande étendue. En bas, sur le premier palier, sont les plaines du Tlélat, de Relizane, d'Orléansville ; au dessus sur le deuxième palier, les plaines de Sidi-bel-Abbès, d'Egris, de Tagremaret ; plus haut, les plateaux telliens supérieurs ; plus haut encore, au sommet, une table dominant l'ensemble par toutes les têtes des vallées, à plus de 900 mètres d'altitude.

Cette table, base supérieure, est complètement fermée et retient toutes les eaux pluviales qu'elle déverse en son milieu où elles vont former des lacs salés, appelés Chott, dont les principaux sont : le chott Chergui et le chott Gharbi dans la province d'Oran.

Elle est bornée au nord par les forêts de la lisière du Tell, à l'ouest par la frontière du Maroc au-delà de laquelle elle se prolonge, au sud par la ligne des montagnes des Kçours ; à l'est elle s'étend au-delà du Hodna ; sa longueur dans la partie que nous considérons, est de plus de 400 kilomètres, sa largeur moyenne du nord au sud dépasse 170 kilomètres. Toute cette table est couverte d'alfa. Il y règne en maître absolu, jaloux, exclusif, ne supportant à côté de lui qu'une petite végétation herbacée qu'il protège, et qui constitue le pâturage sur lequel vivent les innombrables troupeaux de nos nomades. Il y forme une nappe à peu près uniforme, partagée entre deux variétés également précieuses : l'alfa proprement dit (auffe, lygeum spartum, spart tenace) et le sennera (stipa tenacissima) si particulièrement propre à la corderie. C'est le sennera que les indigènes du Sud emploient exclusivement à la fabrication des cordes.

Les bas fonds salés et les lits des rivières dans lesquelles se réunissent les eaux pluviales pour descendre vers les chott sont garnis de thym et forment prairie. Cette prairie couvre environ un cinquième du plateau.

La plaine d'alfa ne touche pas au Tell; elle en est séparée par une zône presque nue, zône des terres de labour des tribus demi sahariennes dont la largeur va grandissant de l'ouest à l'est et ne dépasse pas une moyenne de 40 kilomètres.

En partant des différents postes de la lisière du Tell, il faut parcourir les distances suivantes pour pénétrer dans la nappe d'alfa :

En avant de Sebdou	15 kilomètres,	
de Daya	15	id.
de Saïda	35	id.
de Fremdah	40	id.
de Tiaret	50	id.
de Teniet-el-Hâad	60	id.
de Boghar	60	id.

Il est difficile, si l'on n'a pas parcouru la plaine dont nous parlons, de se faire une idée des plantations qui la couvrent. Dès le deuxième jour de marche, le voyageur qui a quitté un de nos postes avancés, retrouve l'aspect monotone de la mer immobile, au calme plat. Plus

2

d'horizon autour de lui, si ce n'est le cercle muet, de quelques kilomètres, déterminé par la hauteur du cheval, plus de terre, rien, absolument rien, que le ciel et l'alfa.

II

En retranchant du plateau que nous avons décrit la bande de terrains nus qui borde le Tell et la région des chott, on peut estimer que la nappe uniforme d'alfa a encore pour dimensions moyennes (estimation prise par défaut) :

Longueur. .... 400 kilomètres.
Largeur minima.... 100   id.

Elle couvre donc une surface de plus de 4 millions d'hectares.

Quatre millions d'hectares !.... d'un seul tenant, d'alfa dru, vivace, nerveux, moins encombré de gommes et plus riche que celui du Tell en fibrilles propres à l'enchevêtrement ; capable, dès qu'il est bien exploité, d'un rendement égal aux trois quarts, sinon aux quatre cinquièmes de celui du chiffon commun !

L'industrie peut-elle négliger plus longtemps une semblable mine ? Hélas, depuis trois ans que, par les richesses qu'il répand dans l'Ouest de notre colonie, l'alfa occupe tous les esprits, ses plantations les plus riches sont à peu près ignorées et n'ont pas encore été explorées par ceux mêmes qui y ont le plus grand intérêt.

La table supérieure est la carrière ouverte à l'industrie. Là, se fera la grande exploitatation qui seule y est possible. Le Tell restera, ce qu'il est aujourd'hui, le champ réservé au glanage du gagne-petit, le domaine des entreprises à ressources restreintes.

Il nous sera facile de démontrer que l'exploitation des hauts plateaux ne changerait en rien les conditions du glanage dans le Tell ; qu'elle n'apporterait aucune perturbation dans le commerce actuel et, par conséquent, dans les conditions d'existence et d'activité commerciale des positions faites, comme des populations si intéressantes qui vivent aujourd'hui, dans la province d'Oran, du travail et des manipulations diverses de l'alfa. Nous démontrerons aussi que la concurrence entre les producteurs s'établirait, dès le début, sur le pied d'une égalité complète, et que si, plus tard, cette égalité tendait à s'altérer, c'est au profit des petites entreprises telliennes que se ferait la rupture de l'équilibre.

III

La nappe des hauts plateaux peut être attaquée simultanément ou successivement en cinq points qui, de l'Ouest à l'Est, sont :

1° La plaine d'El-Gor, en avant de Sebdou, d'où les produits pourraient être dirigés sur Tlemcen ;

2° Celle de Hammam, en avant de Daya, avec direction par Sidi-bel-Abbès, sur le Tlélat et Oran ;

3° Le grand plateau au nord du Kreïder, ayant son centre d'exploitation à Sfid, avec rayonnement sur El-May et Amia Cherguia jusqu'à Guetifa, et direction des produits par les vallées et les plaines de Saïda vers Perrégaux, la Macta et Arzew ;

4° La région au sud de Tiaret dont le centre d'exploitation serait Aïn Oualassy, et le point de jonction avec la ligne d'Alger, Relizane ;

5° Les plantations du cercle de Djelfa, au sud de

Teniet-el-Hâad et de Boghar, dont les produits seraient conduits vers El-Affroun et Affreville.

Dans chacune de ces régions, qui formerait un lot spécial, pourraient se créer des établissements embrassant, au début, dans leur exploitation, des étendues de quatre à cinq cent mille hectares, limitées à l'Est et à l'Ouest par les lots voisins, mais pouvant s'étendre indéfiniment dans le Sud, si, comme on doit le prévoir, la consommation nous oblige à porter notre production au-delà de cinq cent mille tonnes.

Or, l'exploitation n'est possible dans le Sud que si des voies ferrées vont y accompagner, sinon y précéder la main-d'œuvre et assurer l'écoulement de ses produits dans les conditions économiques qui lui seront imposées par la fabrication.

Le premier point, le point capital, est donc la création d'une ligne ferrée, si imparfaite qu'elle soit, arrivant au centre de chaque lot et le sillonnant en tous sens par des embranchements grossiers d'exploitation, fussent-ils à traction ordinaire.

Chaque ligne placée ainsi, en quelque sorte, sous la garantie de l'alfa (dût-elle, au début, l'exploiter ou le faire exploiter directement), aurait au moment même de sa création : 1° Le transit des 100 ou 120000 tonnes que donneraient les plantations qu'elle desservirait ; 2° le transport des alfas du Tell et de nos richesses minières, forestières, agricoles, mises en activité et recueillies sur son parcours ; 3° enfin, le transit local ordinaire qui augmenterait chaque année, suivant la loi de progrès que les chemins de fer imposent partout où ils passent, et qui se vérifie en Algérie plus qu'ailleurs, attendu qu'ils y sont les agents de la pacification absolue sans laquelle rien n'est possible.

Nous avons la conviction que, avant vingt ans, les exploitations dont nous parlons seront en activité, desservies par des chemins de fer, et qu'elles auront placé les provinces d'Oran et d'Alger au rang des plus riches départements de France. Nous croyons encore que le jour ne tardera pas à se faire sur cette question qui est encore un peu confuse dans les esprits, et que, dès lors, on voudra se hâter parce qu'on reconnaîtra qu'elle est seule capable aujourd'hui d'attirer en Algérie les agents de toute colonisation : les capitaux, les bras, les instruments du travail.

Efforçons-nous donc de résoudre le plus promptement possible le problème posé depuis plus d'un an des moyens et des méthodes d'exploitation de l'alfa des hauts plateaux.

IV

Un point à bien établir, avant tout, c'est qu'il n'est possible de compter que sur l'industrie privée. L'Etat ne peut rien ; les départements ne peuvent pas davantage ; par la raison qu'ils n'ont rien à voir aux choses du négoce ; que la question qui s'agite n'est pas affaire de voirie ou de chemin de fer, mais affaire pure et simple d'alfa, c'est-à-dire de commerce.

On se plaît à répéter : sans chemins de fer, pas d'alfa ; sans alfa, pas de chemin de fer. Ces deux propositions ne sont pas aussi absolument vraies qu'on le croit généralement. — Si nous exploitons l'alfa, aurons-nous des chemins de fer pour le transporter ? — Oui, assurément. — Mais, si l'Etat, les départements ou des compagnies privées font des chemins de fer dans les vallées du Tell, dans les conditions habituelles de garantie, aurons-nous de l'alfa ? — A cette question nous répondrons sans hésiter : Non, et nos chemins de fer ne transporteront rien, si nous ne laissons pas des compagnies, quelles qu'elles soient, grandes ou petites, créer sur les hauts plateaux, pour que l'exploitation soit possible, des établissements qui, réduits à l'indispensable absolu seront bientôt des villes. Est-il jamais venu sérieusement, à l'idée de quelqu'un, de créer par spéculation un réseau perpendiculaire à la côte ? — Non ; et nul n'y songera avant longtemps, pas même la compagnie dont l'intérêt minimum est garanti. Tandis qu'il est déjà entré dans beaucoup d'esprits d'exploiter l'alfa et d'attaquer les plantations du Sud.

Des deux propositions que nous avons énoncées, il n'y en a qu'une d'absolue : sans alfa, pas de chemin de fer. L'alfa est l'objectif ; il n'y en a pas d'autre. Il est le but à atteindre ; les voies ferrées sont le moyen d'y arriver ; il est la cause, elles ne sont que la conséquence.

Si donc on veut obtenir le réseau que nous devons désirer et dont l'établissement serait si précieux au triple point de vue de la colonisation, du peuplement et de la pacification du pays, il faut le chercher indirectement en appelant les industriels et les commerçants à l'exploitation de nos mines du Sud ; nous leur imposerons naturellement l'obligation de faire « d'utilité générale » les chemins de fer « d'intérêt particulier » qui seront nécessaires aux entreprises.

Nous avons dit que les voies ferrées devraient accompagner sinon précéder la main-d'œuvre, au centre de nos plateaux ; d'un autre côté, il est évident qu'elles demanderont des garanties avant d'engager leurs travaux. Nous ne nous arrêterons pas à rechercher si ces garanties leur seront fournies en subvention ou en minimun d'intérêt ou de transit, car, à défaut de chantiers établis à l'avance pour leur fournir des matières à transporter, elles auront l'alfa pour garant ; l'alfa, qui sera sur place et qu'elles pourront exploiter et faire exploiter directement. Or, il est évident que ni l'Etat, ni les départements ne sauraient, même au prix des sacrifices les plus larges, leur donner une garantie plus certaine ni plus avantageuse.

V

Quelles seront les conditions de l'exploitation dans le Sud ? Il est impossible de s'en faire une idée exacte, à l'avance, si l'on n'a pas séjourné, pendant quelque temps, sur la table supérieure ; si on ne l'a pas parcourue en tous sens, si l'on ne connaît pas le caractère, la mobilité et les habitudes des populations qui l'occupent.

Là, point de villages ni de fermes ; pas une habitation ni un arbre ; pas de population sédentaire, nulle ressource d'aucune sorte. Il y a peu d'eau, et presque toujours mauvaise, point de bois.

En hiver, un climat très-rude ; le froid sec, vif, pénétrant ; la neige, les pluies torrentielles et glacées. — En été, le soleil, les vents brûlants, les ouragans de sable, les insectes. En tout temps, le désert inerte avec son horizon nu, fixe, accablant de tristesse, désespérant.

En tout temps cependant, le travail y est plus facile que dans le Tell. Mais, pour exploiter dans un semblable pays, il faudra s'y établir, et s'y établir solidement ; il faudra y être assuré de trouver satisfaction aux impérieux besoins de la vie matérielle. Une voie ferrée arrivant au centre des exploitations pourrait seule y suffire, mais sans superflu. — Qu'on ne s'imagine pas que des camps de travailleurs s'y improviseront spontanément comme cela se pratique dans les chantiers du Tell ; nous ne savons pas, d'abord, si l'autorité militaire serait sage à les y autoriser ; mais nous sommes assurés qu'ils ne sauraient y vivre et que, dans tous les cas, ils ne produiraient rien, sans un chemin de fer leur assurant à la fois : la protection, l'existence par le ravitaillement, et la rémunération de leur travail par l'écoulement des produits. L'initiative individuelle est impuissante en présence du néant. Elle peut s'exercer dans nos villes et dans nos campagnes ; elle ne peut rien, dans le désert, à dix lieues de tout centre d'approvisionnements.

Qui ne sait les difficultés qu'éprouve l'administration militaire, avec les transports, les ressources et les moyens discrétionnaires dont elle dispose, quand il lui faut entretenir une colonne de mille hommes et de trois cents animaux, seulement, à deux étapes dans le Sud, c'est-à-dire à la distance où il faudra aller chercher l'alfa ? Quelles seront donc les difficultés à vaincre quand il faudra ravitailler, non plus à la ration, mais à la mesure des besoins et des exigences du travail libre, une population européenne considérable ? Car, il faut se rendre à l'évidence des faits ; on verra que pour prendre au sol, chaque année 100,000 tonnes d'alfa, il faudra le concours d'une population ouvrière de 7,000 âmes, au moins ; or, en comptant le travail indigène pour plus de la moitié du travail total (nous ne devons pas espérer davantage), l'estimation la plus basse porte à 3,000 âmes la population européenne à installer et à faire vivre sur chaque lot pour en extraire seulement le cinquième, à peine, des produits annuels qu'il pourra donner.

Les exploitations de l'alfa sur les hauts plateaux ne peuvent se faire que sous l'égide de grandes compagnies, riches, puissamment organisées, venant hardiment, fonder en plein désert, des établissements, comme les Espagnols, les Anglais et les Américains, seuls, ont su en fonder jusqu'à présent.

VI

Ces grandes compagnies ne peuvent être que celles qui construiront les voies ferrées. Nous voulons indiquer, avant tout, quelles seront les prévisions dont il faudra tenir compte, pour que les combinaisons financières ne se heurtent pas plus tard à des surprises, et que les sociétés ne s'avanturent pas sans avoir bien assis leurs attachements théoriques. Nous admettons qu'il n'y a rien à conseiller ni à recommander en ce qui touche à la construction des chemins, des gares, ateliers, dépôts, etc....

Nous admettons que l'exploration et l'étude des parcours mis en exploitation libre seront faites et qu'il sera facile de déterminer exactement ce que devront être, réduits au strict nécessaire, les établissements à créer pour logements, hangars, dépôts d'alfa, ateliers de pressage et d'emballage, magasins, remises, écuries, etc....

Mais là ne se borneront pas les frais de première installation.

Partout, sur les lots dont la remise sera faite, les ressources actuelles en eau seront insuffisantes. Il faudra donc aménager les sources, réparer les puits existants, en creuser de nouveaux, pour la population comme pour les indigènes dont les femmes et les troupeaux ne

viendront pas chercher l'eau au milieu de nos établissements.

On devra installer des machines, des abreuvoirs, des
réservoirs pour se munir en cas d'incendie et pour ali-
menter les presses, les ateliers, etc... Sur chaque lot
encore, le centre principal, véritable factorerie, sera une
ville dans l'acception absolue du mot, à laquelle il faudra,
dès le premier jour, son édilité, sa police, sa garni-
son. Il est certain que la population, les richesses, les
intérêts que cette ville renfermera, ne pourront pas être
laissés sans défense; on lui donnera donc, et même, nous
en avons la conviction, on lui imposera une garde; il
est vrai qu'on lui imposera en même temps l'obligation
de la loger, car le département de la guerre n'ayant à
protéger que des intérêts particuliers ne pourvoiera à
aucune des dépenses d'installation de la troupe.

Bien plus, un tel centre, en raison de sa situation, et
de l'étendue qu'il couvrira, devra être susceptible d'une
mise en défense. On ne le laissera pas ville complètement
ouverte. Il y aura donc tracé correct, réglementation des
constructions à édifier, peut-être même ouvrages com-
plémentaires à élever, et, tout cela, aux frais des entreprises.

Enfin, l'exploitation, même la plus restreinte, se fera
dans un cercle de 40 ou 50 kilomètres de rayon dans
lequel on devra percer des routes et faire des chemins
en tous sens. Ils seront imparfaits, sans doute, mais
presque tous auront des rails, car leur usage sera toujours moins dispendieux que les transports à dos de
chameaux qui resteront la spécialité de la main-d'œuvre
indigène, pour l'apport des produits journaliers au dépôt
particulier de chaque chantier.

On le voit par cette énumération, c'est par millions que devront être supputés les frais d'installation de pareilles entreprises.

Entreprises grandioses pour nous, Français, qui ne connaissons pas encore, surtout en Algérie, de pareilles hardiesses ; entreprises sensées, cependant, utiles, fécondes, dans lesquelles les intérêts particuliers auront cette singulière fortune de traîner à leur remorque les intérêts généraux et de lancer, à leur suite, la colonisation, vers les vallées où elle se développe le mieux et le plus rapidement.

VII

Des établissements restreints ne donneraient rien. L'alfa des hauts plateaux est une mine en présence de laquelle il est indispensable d'arriver avec des moyens complets, organisés dans tous les détails ; avec un système entier, prêt à fonctionner de toutes pièces quand le premier coup de sifflet de la machine en donnera le signal.

Si le chemin de fer ne va pas au centre de l'exploitation même et s'arrête au poste correspondant de la limite du Tell, l'alfa restera sur place. Cette affirmation est absolue. Il ne viendra même à l'idée de personne d'aller le chercher. Qui donc pourrait y songer lorsque son prix de production plus élevé nécessairement que dans le Tell, s'augmenterait encore de 40 ou 50 kilomètres de transport par voiture, dans un pays sans ressources et sans routes, avec retour à vide, ce qui correspond à un transport de 60 à 70 kilomètres avec charge ?

Qui donc fournirait la main d'œuvre ? — Les indigènes ? — Dans ce cas, non. — Non, assurément. Ceux du

Tell ne se déplaceraient pas ; quant à ceux du Sud ils ne travailleraient pas plus qu'aujourd'hui. Un indigène mettrait un jour à arracher une charge de chameau, un jour à l'apporter au chemin de fer, un jour à retourner chez lui. Cette charge, fût-elle de 200 kilogrammes, la lui payât-on à raison de 4 et même 5 francs le quintal, son salaire serait de 10 fr. Jamais un indigène du sud ne se donnera autant de fatigue et de peine à raison de 3 fr. 30 par jour.

Admettons que des européens entraînés par l'appât du gain fournissent la main-d'œuvre ; les indigènes, alors, se feront-ils convoyeurs ? Ils ont des milliers de chameaux !... Non, les indigènes ne se feront pas convoyeurs, comme nous l'entendons. Ils donneront quinze ou vingt voyages, peut-être, quand ils seront campés sur les points exploités ; ils n'en feront pas vingt. Le chameau n'est pas un animal de chantier, à travail continu, par la raison qu'il se nourrit lui-même ; que sa réfection ne peut se faire comme celle des autres animaux d'une manière intermittente, au ratelier, sans frais énormes. Il mange en travaillant ; dès qu'on le sort de sa prairie et qu'on le presse, il dépérit et meurt.

Admettons encore, pour pousser l'argumentation jusqu'à la démonstration par l'absurde, qu'une association de mille ouvriers déterminés, bravant tout, aille en plein désert chercher l'alfa ; admettons, ce qui est plus invraisemblable encore, qu'elle réunisse un équipage capable de transporter mille charges de chameau par jour, pendant les 200 jours de travail qui constitueront la campagne annuelle moyenne. Cette association n'aurait encore obtenu que 40,000 tonnes d'alfa, à la fin de l'année, au prix double de ce que lui aurait coûté la même quantité de matière récoltée dans le Tell.

VIII

Notre table supérieure est riche, très riche, mais, il ne faut pas s'y tromper, c'est d'une *matière première* ; c'est à dire d'un produit à exploiter *en grosses masses et à bas prix*. D'un produit comme le charbon de l'Angleterre ou le pétrole de l'Amérique et non comme l'or de la Californie.

La théorie de l'exploitation des hauts plateaux par les entreprises, à ressources limitées s'exerçant isolément sur des surfaces déterminées, n'est pas plus soutenable que celle qui proposerait l'exploitation, par lots isolés, des houillères de Blanzy, de Durham ou de Charleroy, des ardoisières d'Angers ou des mines d'Anzin.

L'alfa du Sud doit être considéré comme un produit grossier de mine ne pouvant être mis en circulation que s'il est amené sur les points de consommation remplissant toutes les conditions de qualité et de bon marché qui s'obtiennent par les moyens économiques dont disposent, seules, les compagnies puissantes : perfection des appareils nécessaires aux manipulations diverses, organisation et dépense méthodiques des efforts, du temps, de la main d'œuvre, etc.... Au premier rang de ces moyens économiques sont ceux qui intéressent plus particulièrement le mouvement des produits, la rapidité et la facilité des transports. Ils seront l'apport spécial, indispensable, des sociétés qui créeront les chemins de fer ; — à toute époque de l'exploitation, après en avoir été la condition *sine qua non*, ils en seront encore la raison d'être ou de ne pas être, ils devront donc être la propriété absolue, presque éternelle des sociétés, au même titre que les voies, les gares, et tous les établissements, si étendus qu'ils soient, qu'elles auront créés. Nous concluons de toutes ces discussions qu'il n'est possible d'appeler l'exploitation sur les hauts plateaux que si des sociétés de chemins de fer l'y accompagnent; que par conséquent nous devrons leur dispenser de la manière la plus large les garanties et les gages nécessaires pour indemniser le capital et les entrepreneurs de leurs avances et de leurs risques.

Ces garanties nécessaires sont nombreuses :

1° Monopole absolu des transports par voie ferrée dans toute l'étendue de chaque lot et sur la ligne conduisant au chemin central ou à la mer pendant au moins cinquante ans ;

2° Propriété, par concession définitive, des terrains sur lesquels seront établis, hors du Tell, les établissements, les chantiers, et, en général, de toutes les surfaces sur lesquelles des constructions auront été édifiées ;

3° Protection des établissements constitués en factoreries et dont les emplacements et les tracés auront été déterminés de concert avec l'administration ;

4° Faculté pleine et entière, à chaque société, d'exercer le droit d'exploitation, sous la seule réserve du respect des réglements nécessaires pour la conservation de la plante.

Il est bien entendu que cette faculté serait donnée sans privilége ni monopole, c'est-à-dire que tout particulier étranger à la compagnie pourrait lui faire concurrence pour l'exploitation, mais non pour le transport de l'alfa. D'ailleurs, en raison de l'étendue des lots que nous avons indiqués, l'exploitation totale directe est impossible.

IX

Ces quatre garanties principales nous paraissent, à la fois, nécessaires et suffisantes.

Elles seront nécessaires, car : 1° la facilité avec laquelle des lignes pourront être créées dans les plaines à fond solide où croît l'alfa, exposerait la première société à des concurrences qui s'exerceraient à ses dépens, en ne lui laissant les transports que sur le tronçon du Tell qui sera le plus dispendieux ;

2° les établissements à créer auront un caractère de permanence et de durée qui implique la propriété du terrain sur lequel ils seront fondés. Peut-on imaginer, par exemple, que, dans dix ou vingt ans, on aurait le droit de dire à une compagnie installée : votre bail est expiré, le sol nous appartient, nous vous sommons de vider les lieux, emportez vos établissements ou laissez-les nous ? Bien plus, si la propriété du fonds n'était pas constituée à la société, ferait-on déguerpir en même temps qu'elle tous les industriels et les commerçants qui seraient venus former une agglomération sous sa tutelle ? car, nous insistons sur ce point, on aura bien vite une ville, en tête de chaque ligne, quelque chose comme le Creuzot tel qu'il était au début. Or le droit commun est absolu, l'exception n'est pas permise, les cas particuliers seront très-nombreux et ce que l'on fera pour l'un devra être fait pour l'autre.

Tout ce qui se rattache à cette discussion n'a de réponse que par l'attribution de la propriété foncière à toute fondation ; et, cela, par application de droit et de fait, au moment même où la construction sera terminée, sur la seule constatation du fait acquis.

3° Le besoin de protection est évident ;

4° Enfin, le chemin de fer n'ayant de garantie que les
transports d'alfa, doit pouvoir assurer son transit minimum, lui-même, par l'exploitation directe, si les produits
des tiers lui font défaut ; et, dans tous les cas, la faculté
de droit commun ne pourrait lui être refusée ; le voulût-
on, il serait absolument impossible d'empêcher qu'il ne
commanditât des entrepreneurs à forfait ; c'est ce qu'il
fera. Mieux vaut donc reconnaître largement la faculté
illimitée d'exploitation, seul gage matériel offert au capital.

Ces conditions sont suffisantes. Il n'y a qu'à les considérer attentivement pour s'en convaincre ; toutefois on ne
pourra les apprécier que par les études et les explorations
auxquelles le champ est ouvert.

X

Nous terminerons cette deuxième partie en recherchant
s'il pourra être contraire ou nuisible à quelques intérêts
existants que nos alfas des hauts plateaux soient remis
à l'industrie et exploités par les voies que nous avons
indiquées. Ce ne sera certainement ni aux pays que sil-
sillonneront les chemins de fer, ni aux milliers de bras
qu'emploieront les exploitations, ni aux colons, ni aux
indigènes du Tell surtout, dont les propriétés décupleront
de valeur, sur tous les parcours des lignes, par enchan-
tement, d'une heure à l'autre, au coup de marteau qui
fixera chaque premier rail ; ni aux centres déjà existants
dont le peuplement se fera rapidement, ni aux autres
branches du commerce et de l'industrie dont le développement est toujours en raison de la population qui aug-
mentera, ni à personne enfin qui ne tienne par un point
ou par un autre au commerce actuel de l'alfa, ou qui ne

soit habitant des plaines immenses dans lesquelles nous allons pénétrer pour la première fois avec les outils de la civilisation, après les avoir parcourues jusqu'à présent les armes à la main.

Les seuls intérêts opposants ne peuvent donc être que ceux du commerce actuel de l'alfa et ceux des tribus sahariennes.

Nous comprenons très bien que le premier puisse concevoir quelques inquiétudes. Une évolution menace, en effet, de se faire qui changera l'économie de ses spéculations, le contraindra à remanier ses calculs et déplacera l'assiette et l'équilibre présent de ses moyens d'exécution. Nous espérons le rassurer dans la troisième partie de cette étude. Les seconds, n'ont qu'un intérêt : leurs troupeaux ; qu'un besoin : la libre, pleine, entière jouissance de leurs droits d'usage. Leurs droits d'usage, et de parcours devront être maintenus, respectés, sauvegardés de la manière la plus absolue ; quant à leurs troupeaux nous essaierons de démontrer que notre arrivée dans le Sud marquera pour eux le commencement d'une ère de prospérité qu'ils n'ont jamais connue.

XI

L'exploitation des hauts plateaux permettra aux troupeaux de s'accroître considérablement, parce qu'elle étendra en même temps qu'elle même la zône de paix et de tranquillité parfaites. Avant de développer cette proposition, nous examinerons l'aspect de la végétation des hauts plateaux et nous indiquerons de quelle manière les troupeaux s'y nourrissent :

On y trouve : 1° la touffe d'alfa qui comprend trois éléments distincts : sa racine (Djerder), son épi (Bous), sa feuille. Cette feuille, quand elle naît, au printemps qui suit une incinération faite en automne, ressemble à un gazon très-fin ; à sa maturité, elle est le produit recherché ;

2° le sennera (stipa tenacissima) dont les propriétés sont les mêmes que celles de l'alfa et que la corderie indigène emploie plus spécialement ;

3° Le thym ;

4° Toute une série de petites plantes herbacées que l'on remarque à peine, qui croissent au printemps et constituent le vrai pâturage.

Les principales sont, en les désignant par les noms sous lesquels elles sont présentées par les Sahariens :

Le khafour que nous avons vu atteindre, en certains endroits, au-delà des chott, les proportions du foin de nos meilleures prairies ;

Le dembel à petites fleurs blanches ;

Le karkar, sorte de marguerite jaune ;

Le djerder à capsule blanche, le zefzef, espèce de thym à fleurs jaunes, le bou driga, le serd, etc., etc ;

5° La série des plantes légèrement purgatives qui croissent surtout dans les fonds salins des chott, parmi lesquelles l'isrif, le ktof, le djel, l'adouan, etc ;

6° Enfin les plantes vénéneuses dont la principale, le bou nafa, est mortelle pour les chameaux.

Le cheval mange la racine de l'alfa et l'épi vert. Il se montre très-peu friand de la feuille qu'il n'accepte que s'il y est contraint. Il mange mieux la feuille de sennera, mais à défaut de la racine de l'alfa qui est pour lui une excellente nourriture.

Le chameau ne se nourrit, en automne et en hiver, que d'alfa et de sennera dont il mange la feuille et jamais la racine. Du printemps à l'automne, il cesse de paître l'alfa à l'exception de son épi vert (el beus) et mange les herbes, les chardons, etc.... La zône de terrain qui borde le Tell n'est pas habitable pour lui pendant une partie de cette période, à cause des insectes qui le tuent et des herbes vénéneuses qui y croissent plus particulièrement. Le bœuf mange l'épi vert et la jeune feuille de l'alfa; jamais la racine; il préfère de beaucoup le sennera.

Le mouton, ne mange que les petites herbes, quelquefois, au printemps, dans les premiers jours de la pousse, il cueille çà et là un jeune épi d'alfa; il n'en *mange jamais* la feuille. En automne et en hiver, sa principale nourriture est le thym et un peu de sennera. A défaut absolu de toutes ressources, en temps de neige, par exemple, quelques sujets se résignent à se sauver de la mort par l'alfa, mais en général, on peut dire que le dégoût du mouton pour cette plante est tel que les troupeaux se laissent périr plutôt que de la brouter. C'est pour cette raison que les saisons sèches, que les migrations, quand, à la fin de l'été, l'alfa seul est vert, sont mortelles pour les troupeaux et ruinent les tribus.

De ce qui précède on peut conclure que rien ne sera changé aux conditions d'existence des troupeaux ; et comme ils auront alors la sécurité, comme ils ne seront plus soumis aux migrations précipitées, aux longues marches qui tuent les agneaux et font périr ou avorter les brebis ; comme, en étendant les ressources en eau, nous augmenterons le nombre et l'étendue des pâturages accessibles (la limite extrême du pâturage autour d'un puits est deux jours de marche puisque, en été, le mouton doit boire au moins tous les quatre jours) ; comme, en cas de disette, ils pourront avoir par les voies ferrées, des ressources ; en cas de maladie, des secours médicaux ; en cas d'attaque, protection ; on peut être assuré qu'ils prospèreront ; d'autant mieux que les animaux acquèreront par la seule présence de la ligne une plus value immédiate considérable et que leurs propriétaires en auront par conséquent plus de soin. C'est alors que se réalisera le desideratum des fondateurs de notre occupation dans le Sud qui consistait à faire de nos hauts plateaux des parcs comparables à ceux de l'Australie. Les troupeaux seront au milieu de nos exploitations, dans le Sud, ce qu'ils sont dans nos propriétés, en France, lorsque de tous les côtés on travaille : ni plus ni moins gênants, ni plus ni moins gênés.

TROISIÈME PARTIE

I

Il est impossible de décorer du nom d'exploitation l'ensemble des travaux auxquels l'alfa à donné lieu depuis quelques années en Algérie. C'est tout simplement l'application à l'alfa, des procédés du glanage par lesquels on se procure le chiffon, car la trousse d'alfa qu'apporte l'indigène contient presque toujours une pacotille dont la moitié ne vaut rien.

Jusqu'à présent, le travail européen a consisté à placer une bascule au bord d'une route ou d'un sentier et à attendre que l'alfa vienne y tomber, tout récolté, du dos de quelque bête de somme.

L'arabe du voisinage qui apprend l'arrivée d'un acheteur, se décide à sortir de son inertie, si, dans le moment

présent, il a besoin de quelque argent : il prend son bâton,
pousse devant lui tout le personnel de sa tente, femmes,
enfants etc., etc., et leur dit : allez, ramassez. — On
prend tout, on arrache tout, comme on le fait à l'ordinaire
pour les animaux, ou pour la couchée de l'hôte : —
feuilles mortes des récoltes perdues, feuilles mures,
feuilles vertes des récoltes à venir, tiges, épis, racines,
tout fait poids.

Le lendemain, l'arabe apporte à la bascule cette sin
gulière provision. Elle lui est achetée. Il a mis une pierre
dans sa charge ; il est vrai que souvent la balance ne
fonctionne que sur trois couteaux et pèse à 25 pour 100
de diminution. — Bref, on s'entend.

L'acheteur fait sécher, trier grossièrement pour ne pas
exagérer son déchet et par conséquent diminuer son
gain ; il dirige ensuite sur les magasins de la côte qui
font emballer et expédier, sans avoir ni le temps, ni les
moyens, ni même la possibilité de préparer des produits
convenables.

On a ravagé la plante ; on l'envoie tout entière ensuite, au lieu de n'envoyer que sa feuille et on fournit
ainsi au fabricant une matière qui lui impose des frais
énormes de triage et lui donne un rendement qui s'élève
à peine à 25 ou 30 pour 100.

De là : destruction des plants ; ruine du sol que l'on
dépouille sans lui faire aucune restitution ; dépréciation
de nos produits ; frais inutiles, rendements insuffisants,
déchets considérables par l'élimination des matières inutiles, nuisibles ou plus résistantes aux agents mécaniques
et chimiques que ne l'est la feuille en vue de laquelle ils
ont été préparés ; et, par conséquent, élévation du prix
de production du papier par l'emploi de l'alfa, et impossi-

bilité pour l'alfa de pousser à la vulgarisation de son usage.

Presque toute la production actuelle par le glanage est dûe au travail indigène. A peine, voit-on quelques espagnols appliqués à la récolte sur les terrains mis en location. Ils travaillent à la tâche, c'est-à-dire au poids, avec un peu plus de préoccupation de la qualité qui commence à intervenir dans la fixation de la valeur des produits, mais sans plus de ménagement pour le plant.

Des observations ont été faites sur les défauts de nos expéditions. Elles se sont traduites uniquement par des rejets de fournitures ; rien n'en est parvenu sous forme d'indication à celui qui récolte. L'acheteur seul en a tenu compte en procédant à un triage plus attentif ; au lieu de conserver et d'expédier le corps de la plante, il le laisse sur le chantier. Mais la touffe entière est encore arrachée et le glaneur ne se préoccupe toujours que du poids dont il disposera à la fin de la journée.

Pendant ce temps, la plante s'appauvrit et les produits ne font aucun progrès vers le point de perfection marchande qu'ils devraient atteindre.

Le mal n'est pas grand, fort heureusement ; on l'exagère ; nous n'avons pas encore compromis, même dans le Tell, la centième partie de nos richesses en alfa, car la dévastation n'est complète que sur la côte, tandis que l'intérieur est à peu près intact. Il n'en est pas moins vrai que si nous voulons éviter la destruction et obtenir en même temps un progrès devenu indispensable à l'écoulement de nos produits, il faut contraindre l'alfa à se présenter sur les chantiers d'abord, sur le marché ensuite, autrement qu'il ne le fait.

Un des moyens d'obtenir sûrement ce résultat, serait

de placer le plus promptement possible en présence des produits du Tell, ceux des haut plateaux qui seront nécessairement meilleurs.

II

Les hauts plateaux, par cela seul qu'ils présentent des plantations régulières et uniformes, ne seront exploités que par des procédés méthodiques.

Le glanage y sera remplacé par une véritable exploitation dont les caractères principaux seront :

Récolte en temps opportun.

Choix des produits.

Application d'un mode de cueillette à peu près invariable qui est encore à déterminer par une série d'expériences, observation des mœurs de la plante, de sa manière de se comporter, de reproduire et de se conserver.

En même temps, des essais seront faits, dès le début, qui fixeront les qualités à demander aux produits, et les meilleurs moyens d'obtenir le double résultat d'un rendement maximum en quantité coïncidant avec un minimum de fatigue pour le pied producteur.

Dans le Tell, aujourd'hui, presque partout l'alfa est considéré comme un résidu et traité de même. Dans le Sud, il sera la plantation, le produit agricole, le but des établissements qui s'y créeront. Nul alors, plus que les exploiteurs ne sera intéressé non seulement à sa conservation mais encore à ce qu'une bonne direction lui soit donnée pour qu'il prospère et se renouvelle indéfiniment.

Au point de vue commercial encore, dès qu'il sera classé comme produit et non comme résidu, il fournira ses échantillons, les modèles types de son point de perfection et de sa valeur marchande que nous ne connaissons pas.

Dès la première année nous verrons ces échantillons du Sud contraindre l'alfa du Tell à venir sur les marchés dans des conditions qu'il ignore et qu'il ne remplira que s'il y est contraint par la crainte d'être exclu de la circulation.

Convenablement cueilli alors, exploité réellement, à son tour il restera la même source de richesses, que la concurrence des hauts plateaux aura ravivée et non tarie ainsi qu'on pourrait le craindre ; il aura toujours ensuite, pour soutenir cette concurrence, le double avantage d'être plus à portée des ports et d'être récolté par les gagne-petit sans travail des populations établies sur les terrains producteurs.

III

La conservation des plants et l'amélioration des produits ne pourront résulter que de l'observation rigoureuse de certaines règles, commandées par l'étude des mœurs, des besoins, et, en général, des conditions d'existence et de reproduction de notre précieuse graminée. Ces règles, dont l'ensemble fixera les procédés de conservation plutôt que de culture de la plante, ne pourront être indiquées aux propriétaires que sous forme de conseil, mais elles devront être imposées aux locataires des terres domaniales et surtout aux exploiteurs de nos mers d'alfa.

Elles seront, plus tard, le travail d'une commission spéciale dont les membres pourraient être désignés par les chambres d'agriculture et de commerce, et dans laquelle les entreprises collectives ou isolées des hauts plateaux devront être largement représentées ; mais, en attendant qu'elles soient édictées, on pourrait dès à présent sauvegarder nos richesses par des procédés analogues à ceux que l'on emploie pour empêcher la destruction de nos richesses maritimes; c'est-à-dire : 1° par la surveillance du colportage ; 2° par l'institution de surveillants, sortes de gardes jurés qui seraient chargés d'observer les plants, de désigner le moment opportun pour commencer, comme pour arrêter l'exploitation, de signaler les parties dévastées sur lesquelles la reproduction est compromise, etc.

La conservation des plantations est un point d'importance capitale qui intéresse non-seulement l'avenir d'un commerce considérable, mais encore l'existence de nos nomades et peut-être celle du Tell tout entier. Le danger est plus grand qu'on ne le pense. En laissant détruire l'alfa, surtout celui du Sud et des forêts de la lisière du Tell, nous nous exposerions à appauvrir sinon à tarir nos sources et à être ensevelis sous les sables.

Mieux vaudrait, à notre avis, abandonner les richesses de nos plateaux, plutôt que de les aborder sans une réglementation parfaite qui assure la conservation et la reproduction.

Jusqu'à présent un seul point de cette réglementation est bien assuré : c'est que, dans le mois qui suit les premières pluies abondantes d'automne, la récolte doit être interdite de la manière la plus absolue.

Cette affirmation est basée sur une observation attentive de la plante pendant son évolution annuelle ; évolution dont nous croyons donner une idée à peu près complète en présentant le tableau d'une touffe saine quand elle est au milieu de son travail printannier, c'est-à-dire vers le 15 avril, un peu plus tôt ou un peu plus tard, suivant les circonstances générales de l'année.

L'épi se forme, il est encore dans sa gaîne ; la feuille pousse, elle est courte, verte, tendre.

La touffe, dans son ensemble, présente l'aspect sui -
vant : la souche est invisible, chaussée naturellement par
les sables accumulés à son pied pendant l'été, et qu'elle
a soustraits à la violence des ouragans du Sud ; préser-
vant ainsi le Tell de l'ensevelissement sous des pluies de
terre et de poussière. Les pluies de l'hiver ont tassé tous
ces sables et enterré les rhysomes et les graïnes de l'année écoulée.

Cette souche est recouverte par les détritus des récoltes
précédentes négligées, dont les uns, déjà désorganisés,
tombent en humus sur le pied même, dont les autres,
plus récents, sont encore organisés mais n'ont plus de soli-
dité et ont pris la couleur du gris noir foncé.

Au-dessus de ces derniers, couchées et renversées sur
eux, sont les feuilles de la dernière récolte, utilisables
encore pour la plupart, de bonne qualité marchande,
mais, presque toutes, montrant vers la pointe une petite
trace de la décomposition qui commence et qui s'accom-
plira pendant l'année nouvelle. (Cette décomposition
n'est pas autre chose que le résultat d'un véritable
rouissage sur pied par les pluies de l'hiver.)

C'est au milieu de ces ruines des récoltes antérieures
négligées que se montrent, en les perçant pour jaillir
de la souche, les produits de l'année qui commence. Au
centre et droits sur le pied, sont les épis ; tout autour et se
répandant en panache en raison de leur tenuité, sont les
parties libres des premières feuilles qui sont à peu près
aux 3[5 de leur développement et ont atteint une longueur de 30 à 40 centimètres.

A partir du mois de mai, les feuilles arrivent successivement sur chaque tige, à leur développement total, 70
centimètres et à leur maturité. Elles persistent ensuite,

sans s'altérer, en séchant sur pied, pendant toute l'année.
Un peu après les premières pluies d'automne, elles s'in‑
clinent et commencent à périr par la pointe.

De là cette règle dont nous proposons la vérification et
qui motiverait l'interdiction à prononcer à l'entrée de
l'hiver.

« Les produits d'une année restent sains jusqu'au mo‑
» ment où commence le travail de production de l'année
» suivante. A ce moment, la décomposition de la feuille
» se manifeste par la pointe et s'étend à mesure que naît
» et grandit la jeune pousse qui doit la remplacer. Quand
» la seconde est à maturité, la première est complètement
» morte et retombée sur le pied. L'exploitation pendant
» cette période d'hiver et de printemps donne des produits
» médiocres, déchire les rhysomes, bouleverse la souche
» et en résumé fait à la plante des blessures qui la font
» périr. »

De cette persistance de la feuille est née l'erreur qui
attribue à l'alfa la propriété de donner en tout temps un
produit marchand. Un ouvrier français, dont l'aptitude
est spéciale en cette matière, travaillant sous nos yeux à
quelques kilomètres d'El-May, a pu retirer, le 10 avril,
d'un are de plantation moyenne, en 34 minutes, 8 k. 500
d'un produit encore bon. C'était le choix des feuilles
conservées, les dernières venues de la récolte précédente ;
toutefois il eut fallu, avant de les livrer au commerce,
étêter à la faux toutes les boftes obtenaes. D'ailleurs
cette récolte n'était possible que dans les plantations
vierges au milieu desquelles nous opérions. Du moment
où l'exploitation d'un plant est commencée, il n'y a plus,
au printemps, que les feuilles naissantes et nous pensons
qu'il convient d'en interdire absolument la cueillette.

Si cette interdiction est observée, si plus tard les repos périodiques et les procédés d'extraction, sont sagement déterminés de manière à préserver la touffe sans entraver l'exploitation ni la ralentir ; nous pourrons demander à nos plantations du Sud, sans les épuiser, ni même les fatiguer, des quantités d'alfa telles que le commerce pourra considérer comme inépuisables les ressources sur lesquelles il aura compté.

IV

Le rendement moyen d'un hectare d'alfa sur les hauts plateaux est de 1,800 kilogrammes de produit vert de bonne qualité marchande.

De ce poids, il convient de retrancher un déchet moyen de séchage que nous avons trouvé être de 15 à 20 pour cent, soit, environ 360 kilogrammes ; mais, si parfaite que soit plus tard la cueillette, si bien conduit et exactement surveillé que soit le travail, si méthodique que soit l'exploitation, on doit prévoir d'un côté que toutes les feuilles utilisables ne seront pas récoltées comme elles ont pu l'être dans un travail d'expérience ; de l'autre que, dans la précipitation du travail à la tâche, même s'il est ménager du plant, quelques brins de rebut, des feuilles mortes, des pailles et même des racines viendront à la main ; enfin, que la plante pourra s'appauvrir un peu, si elle est maltraitée au début.

Si l'on accorde à toutes ces causes réunies un maximum d'effets éliminant par omission, triage ou fatigue du plant 440 kilogrammes, il reste la certitude bien établie d'un rendement annuel moyen de mille kilogrammes ; une tonne par hectare.

En calculant ainsi on doit compter n'avoir que de l'alfa

sec, marchand, de bonne qualité, et ne contenant que des matières utilisables. D'après cela, pour obtenir cent mille tonnes de marchandises, il suffira d'exploiter cent mille hectares de plantation, à peu près, dans les conditions de force, de santé et de vitalité où sont aujourd'hui nos alfas vierges du Sud. Or, chacun des lots que nous avons indiqués, en contient dans la région au Nord des chott, qui sans doute ne sera pas dépassée avant longtemps, plus de 350,000 hectares.

Chaque entreprise aura donc le champ large autour d'elle, et l'action des commissions de surveillance pourra s'exercer sans paralyser ni gêner l'exploitation et prescrire les jachères et les repos périodiques qui seront indispensables à la conservation des plantations. Or, ces repos seront nécessaires. Tout s'épuise quand le travail ne répare pas, c'est une loi de nature. — Pourrons-nous cultiver, travailler, par conséquent réparer et refaire nos plantations exploitées? — Non. — Nous devrons donc les laisser se refaire elles-mêmes, se remettre de leurs efforts de production pour qu'elles puissent se renouveler, se conserver et nous préserver. Nous devons surtout les protéger contre les exploitations inconsidérées qui les détruiraient

V

Un ouvrier habile, laborieux, vigoureux, travaillant dix heures par jour. emploiera un peu moins de cinq jours à la récolte étudiée et méthodique d'un hectare. A ce travail, correspond une production journalière moyenne de 275 kilogrammes d'alfa vert, non trié, et de 220 kilogrammes d'alfa sec, marchand ; l'attention du travailleur n'étant appliquée qu'à la cueillette, sans en être distraite par la préoccupation de ne rien négliger. Nous considérons cette production de 220 kilogrammes comme un maximum que les ouvriers de choix, seuls, pourront atteindre et continuer. — Si l'on nous oppose que, dans le Tell, là où l'alfa est abondant, certains espagnols produisent jusqu'à 350 et 400 kilogrammes par jour, nous répondrons que ces quatre cents kilogrammes obtenus par les méthodes d'extraction au bâtonnet, brutales et précipitées, ne contiennent pas plus de matière utile que les 275 kilogrammes de l'ouvrier que nous avons fait opérer avec soin sous nos yeux ; que le produit est mauvais, la plante détruite par le premier ; le produit excellent, la plante respectée par le second ; et que, eu égard à la qualité obtenue, le salaire doit être calculé de manière à favoriser le travail soigneux et plus lent qui sera rigoureusement imposé.

D'un autre côté, en tenant compte des temps prohibés, des journées de pluie, des ouragans, des repos, et des absences que fera l'ouvrier il ne faudra compter que sur un maximum de 200 journées de travail par campagne.

Chaque ouvrier de choix pourrait donc donner par an, 220 kilogrammes × 200, soit 44 tonnes d'alfa sec. Pour une exploitation de 100,000 tonnes, il serait donc nécessaire de réunir un effectif de 2,300 travailleurs européens, choisis, laborieux et vigoureux.

Les mêmes observations, appliquées à diverses autres catégories d'ouvriers : 1° indigènes adultes ; 2° vieillards malingres, femmes ; 3° enfants des deux sexes, de 10 à 16 ans, ont donné les résultats résumés ci-après :

Deuxième catégorie.

Production journalière............. 130 kil. sec.
Annuelle .... 26 tonnes.

Effectif nécessaire à la production de
cent mille tonnes .... 4,000 hommes.

Troisième catégorie.

Production journalière............ 90 kil. sec.
Annuelle .... 18 tonnes.
Effectif nécessaire à la production de
cent mille tonnes................. 5,500 individus

Quatrième catégorie.

Production journalière............ 35 kil. sec.
Annuelle......................... 7 tonnes.
Effectif nécessaire à la production de
cent mille tonnes. .... 14,500 enfants.

Ces résultats sont encore des maxima qui ne seront pas dépassés et qui ne seront atteints que si le travail est bien conduit et généreusement rémunérateur.

Si, maintenant, on répartit le travail total d'extraction, entre ces quatre catégorories, d'après les données habituelles de nos recensements, on en conclut que la population nécessaire à la cueillette seule de 100,000 tonnes d'alfa serait de plus de 3,500 individus de toute provenance, hommes, femmes et enfants.

Pour avoir la population nécessaire à l'exploitation totale, il convient de doubler ce nombre, car :

1° Il viendra à la suite de ces 3,500 moissonneurs toute une armée d'employés divers, de peseurs, de sécheurs, de trieurs, d'emballeurs, de convoyeurs, de charretiers, de chameliers, de gardiens, etc., etc ;

2° Il faudra que tout ce monde vive et trouve, au retour des chantiers, gîte et souper ;

3° Tous les artisans et marchands des petits métiers qui accompagnent les agglomérations, viendront en foule;

4° Enfin, un grand nombre d'industriels et de commerçants à divers titres se presseront autour des exploitations, où des marchés considérables d'échange avec nos pupulations du Sud ne manqueront pas de se créer rapidement.

C'est donc à 6,000 ou 7,000 âmes au moins qu'il convient d'estimer l'agglomération européenne et indigène du Tell qui se formera sur chaque lot.

VI

Quelle sera dans les agglomérations de cette nature la part de l'élément indigène? Sera-t-elle notable? — Oui, assurément, si l'on sait l'attirer au début. Nous dirions même que sans le secours qu'elle peut donner et qu'elle donnera, l'entreprise serait presque impossible et inutile à tenter.

A vrai dire on ne devrait guère compter sur les tribus de la table supérieure : elles ne peuvent pas rester en place et elles n'ont ni l'habitude ni le besoin du travail. Cependant on pourra les fixer relativement et diminuer l'étendue des parcours nécessaires à leurs troupeaux en multipliant les points d'eau par des puits, des citernes, des réservoirs, etc., ce qui leur donnera la faculté de faire paître dans des régions inhabitables aujourd'hui ; et puis il faut prévoir que dès qu'elles sauront qu'il est possible de venir à la factorerie échanger des charges d'alfa contre des charges de blé ou d'orge, beaucoup préfèreront garder leurs écus, contraindre leurs bergers et leurs gens de basse condition à un travail quelconque et apporter de l'alfa au lieu d'argent.

Les tribus des hauts plateaux telliens, que nous appelons demi-sahariennes donneront des bras pour la récolte parce qu'elles sont sur place.

Celles du Tell enverront certainement des travailleurs dans les mois de chômage. Il se produira des migrations analogues à celles qui ont lieu périodiquement à l'époque des moissons. Peut-être même, des tentes entières, atteintes par la gêne ou mues par l'appât des salaires, demanderont à venir passer le printemps et l'automne sur les chantiers où il sera facile de les admettre en les répartissant par douars organisés et commandés.

Il y aura encore la ressource des indigènes marocains qui, des récoltes dans le Tell, passeront à celles de l'alfa dans le Sud ou qui même y viendront directement.

Toute la main-d'œuvre que l'on se procurera ainsi se dépensera en cueillette et en séchage ou triage. On peut estimer qu'elle représentera 3/5, du travail total, mais rien de plus. On doit donc prévoir qu'il se formera, en plein Sud, à la tête de chaque ligne, isolée de toute protection, noyée en quelque sorte dans une population indigène relativement considérable, une agglomération européenne de 2,500 à 3,000 âmes, dont la moitié, à peu près, sera fixe ; l'autre, flottante, alimentée en grande partie par les migrations espagnoles, italiennes, maltaises qui, après les moissons, iront continuer dans le Sud, la provision commencée dans le Tell.

Nous essaierons maintenant, pour compléter ces renseignements, d'indiquer ce que seront les frais de production.

VII

En ce moment, partout à 170 kilomètres de la côte, c'est-à-dire à l'extrême limite du Tell, les négociants paient l'alfa 4 fr. 50 le quintal, soit 45 francs la tonne, séché, nettoyé, mis à ce qui est le point courant d'exportation. Il leur est livré en bottes de 20 à 25 kilogrammes et expédié sur le point d'embarquement.

La dépense pour transport varie entre 0,20 et 0,26 centimes par tonne et par kilomètre, par conséquent entre 3 fr. 40 et 4 fr. 40 pour 170 kilomètres.

La valeur moyenne du produit, à son arrivée au port, est donc à peu près de 8 f. 40 par quintal, ainsi répartis entre les divers agents de la production :

	Par quintal	par tonne
Glaneurs indigènes	3 fr. 00	30 fr.
Acheteurs supportant les déchets et en même temps trieur, sécheur et botteleur	1 fr. 50	15
Voiturier......................	3 fr. 90	39
Total........	8 fr. 40	84

A ce prix l'alfa n'est pas mis en balles, mais il est de qualité courante.

Il est bien entendu que nous n'entendons pas parler de l'alfa destiné spécialement à la sparterie d'Espagne, lequel est l'objet d'un triage particulier et que nous voyons payer 60 et 70 fr. la tonne, à 160 kilomètres de la mer. Ce produit, d'ailleurs, est un produit de choix, un dessus de panier extrait avant livraison du produit marchand.

Si des alfas qui ont 170 kilomètres à parcourir ne valent, à leur arrivée au port, que 84 fr. la tonne, il est évident que ce prix est le prix limite de production puisque de tous les points du Tell la distance à la mer est moindre. Donc tout ce qui est en excédant de ce prix, au moment de l'exportation, en dehors des frais d'emmagasinage, d'emballage, d'assurance et de mise à bord, est une charge inutile.

Or, ce prix est encore augmenté par les circonstances heureuses de l'année qui vient de se terminer. En effet, les troupeaux étaient et sont prospères, les récoltes ont été bonnes, les impôts ont été payés facilement, en un mot les indigènes ont été et sont riches : donc, pas de main-d'œuvre. Il a fallu la provoquer par la hausse et stimuler par quelques sacrifices la paresse des glaneurs, en même temps que pour ne pas exposer le marché à une disette presque absolue, qui l'aurait compromis, il a fallu accepter et expédier tous les rebuts de la campagne précédente.

L'année 1871, avait été malheureuse ; les indigènes étaient dans le besoin, ils travaillaient. Ils apportaient alors aux bascules appostées de tous côtés sur les routes, à raison de 2 fr. et même de 1 fr. 50 le quintal, plus d'alfa qu'ils n'en offrent aujourd'hui à 3 et même à 4 fr. On avait donc refusé, uniquement parce qu'elles étaient mauvaises, bon nombre de fournitures que nous voyons expédier maintenant. Or, depuis un an, ces rebuts ont encore perdu 8 ou 10 pour cent de leur valeur. D'où il résulte qu'il est sorti de nos ports, pendant l'année 1872, beaucoup de chargements dont le rendement n'atteindra même pas 25 pour cent, après avoir imposé aux destinataires des frais de triage très-dispendieux. C'est ainsi que

la campagne commerciale de 1872 a eu dans la province
d'Oran pour signes caractéristiques : hésitation de la demande en raison de la mauvaise qualité de nos produits.

Baisse sur le marché principal.

Hausse dans l'intérieur, sur les points de production,
en raison de l'insuffisance de la main-d'œuvre.

VIII

Sur les hauts plateaux, le prix de production sera au
moins aussi élevé qu'il l'a été dans le Tell en 1872. L'ouvrier habile auquel nous avons attribué la faculté de
donner journellement 275 kilogrammes d'alfa vert, sera
très rare ; il aura besoin, pour les obtenir en ménageant
la plantation, d'un apprentissage relativement long, car
la méthode à adopter pour l'extraction est encore indé-
terminée.

Jusqu'à présent, les européens et notamment les espagnols qui cherchent les produits de choix, n'ont pas
encore trouvé avantage à les cueillir directement sur le
pied. Ils préfèrent arracher violemment et procéder ensuite par élimination en sacrifiant un déchet de 40 à 50
pour cent. Les plus vigoureux gagnent à ce travail 8 et
9 francs par jour. La moyenne des salaires ne descend
pas au-dessous de 6 fr.

Mais ils dévastent les touffes à ce point que nos ma-
gnifiques plantations du Sud ne résisteraient pas 3 ans à
la brutalité, et nous pourrions dire, à l'acharnement de
leur travail. A les voir, on croirait que le plaisir de la
destruction se joint à la soif du gain par le poids pour
surexciter leur laborieuse activité. Il est certain que,
avant la fin de la première campagne, si elle était conduite
comme le sont les quelques exploitations qui existent dans

le Tell, la commission de surveillance devrait intervenir, suspendre et ordonner des mesures immédiates pour sauver la zône entreprise.

Sur la table supérieure, il faudra, sous peine d'interdiction d'abord, et de ruine ensuite, conserver soigneusement la plantation et se borner à une cueillette méthodique qui coûtera fort cher. Or, un ouvrier, n'ayant que 200 jours de travail assuré par an, placé en outre dans les conditions pénibles, difficiles, onéreuses qui lui seront faites sur les plateaux, même avec les ressources d'un chemin de fer, exigera une journée moyenne de 6 à 8 fr. Il ne pourra l'obtenir que si l'alfa lui est payé à raison de 3 francs le quintal. Ce prix ne sera réellement suffisant, et dans tous les cas il ne pourra descendre, que si l'ouvrier trouve à s'occuper dans les différents chantiers d'expédition pendant les mois de chômage.

Pour les indigènes, surtout pour ceux du Tell, il paraît certain qu'il sera trop faible, par cette raison qu'ils pourront toujours obtenir du glanage sur leur propre territoire, en restant chez eux, sans abandonner leurs autres intérêts, une rémunération équivalente ; et que, par conséquent, ils ne se déplaceront (à moins d'extrême misère), que si la main-d'œuvre dans le Sud est payée plus cher.

On ne connaît pas la concurrence que les acheteurs se font actuellement dans le Tell. Dès que le bruit se répand parmi eux qu'une tribu ayant fini ses travaux s'applique à l'alfa, trois ou quatre chantiers rivaux s'établissent autour d'elle et les prix s'élèvent. De là, les prétentions exhorbitantes de l'indigène s'il n'est pas contraint par la nécessité. Celui qui peut et veut glaner, gagne en ce moment plus de 6 francs par jour ; les femmes 4 et jusqu'à 5 ; les enfants 2. Il en est résulté que les tribus des contrées riches en alfa et voisines des routes ont manqué de bras pour la récolte; que, en bien des endroits, il a fallu contraindre les Khammès à moissonner les champs des Fellah envers lesquels ils étaient engagés. Ils préféraient abandonner leur cinquième, et, travail pour travail, celui de l'alfa leur paraissait moins pénible et plus rémunérateur. Avec la cueillette méthodique imposée, le prix de 3 francs le quintal ne donnerait aux trois catégories de travailleurs indigènes que 4 fr. 50, 3 fr. et 1 fr. 25. Le prix serait donc au-dessous du gain dans le Tell et par conséquent trop faible.

En résumé, les prévisions, estimées par excès, nous en convenons, mais telles qu'elles doivent être indiquées par prudence pour que rien ne soit entrepris au hasard, imposent l'obligation de compter sur un prix de récolte qui variera d'une manière permanente entre 3 et 4 francs, et qui se tiendra habituellement à 3 fr. 50 par 100 kilos.

Dans le Sud comme dans le Tell, la dépense moyenne sera de 1 fr. 50 par quintal pour pesage, séchage, triage et leurs déchets, bottelage et port au chantier d'arrondissement.

L'exploitation, avons-nous dit, se fera dans un rayon de 40 à 50 kilomètres : elle aura donc des dépôts dispersés et les produits n'arriveront au point central qu'après avoir parcouru une distance moyenne de 20 à 25 kilomètres ; en calculant la dépense de ce parcours comme sur les routes, à raison de 0,23 centimes par tonne et par kilomètre, elle sera environ de 0,46 centimes par quintal.

Enfin il y aura 200 kilomètres de voie ferrée pour descendre des plateaux à la mer et le transport, mis à son plus bas tarif, coûtera au moins 30 francs par tonne.

Le prix de production des alfas du Sud amenés au port d'embarquement serait donc de 84 fr. 60 la tonne, ainsi répartis entre les divers agents : *

	par quintal	par tonne
Glaneur..............................	3 fr. 50	35 fr.
Peseur, sécheur, etc................	1 » 50	15 »
Transport au dépôt central.........	0 » 46	4 60
Transport à la mer....	3 » 00	30 »
Total.......	8 fr. 46	84 60

Les frais d'emballage, d'emmagasinage, d'assurance et de mise à bord étant d'ailleurs les mêmes que ceux de la production actuelle, nous les avons également laissés en dehors de la formule de production.

CONCLUSION

—

Le moment d'atteindre les hauts plateaux est le moment présent.

Il nous est indiqué par la production elle-même. C'est elle qui se dirige vers le Sud ; nous n'avons fait que la suivre et résumer chaque jour, depuis deux ans. les indications qu'elle nous a données.

· Elle n'y est pas conduite par la spéculation, mais par la nécessité : pour y trouver la qualité et la quantité que le Tell est impuissant à donner de lui-même.

La demande, en grandissant, a fait étendre la zône d'exploitation actuelle jusqu'à ses dernières limites. Elle a élevé ses prix, pour avoir la matière jusqu'à permettre qu'on la lui apportât de l'extrémité de nos routes et qu'on lui en donnât tout autant que ces mêmes routes ont pu en porter.

Cependant elle n'est pas satisfaite et nous mentre vers quelles mines inépuisables nous devons tendre pour répondre à ses besoins. En nous conduisant jusqu'à la limite des hauts plateaux elle nous a placés, en quelque sorte, au pied du mur ; maintenant, elle nous presse à le franchir. Mais elle sait que le pas est difficile, impraticable aux petits moyens ; elle se contient donc en attendant que les grandes compagnies qu'elle presse à leur tour, arrivent avec leurs puissants éléments de travail.

Répondons à la demande ; ne la laissons pas aller ailleurs.

(Extrait des rapports de M. le Chef de bataillon CHARRIER, *commandant supérieur du cercle de Saïda.)*

Alger. — Typographie Bouyer.

9 782019 223670